Fabian Lenk, Leopé,
Heike Wiechmann, Manfred Mai

Die schönsten Fußballgeschichten für Erstleser

Mit Bildern von Jan Saße, Leopé, Heike Wiechmann und Heribert Schulmeyer

Ravensburger

Bibliografische Information der Deutschen Nationalbibliothek:

Die Deutsche Nationalbibliothek verzeichnet diese Publikation
in der Deutschen Nationalbibliografie.
Detaillierte bibliografische Daten sind im Internet
über http://dnb.d-nb.de abrufbar.

1 2 3 4 5 E D C B A

Ravensburger Leserabe
Diese Ausgabe enthält die Bände
„Fußballfieber. Spannende Kickergeschichten" von Fabian Lenk
mit Illustrationen von Jan Saße,
„Fußballgeschichten" von Leopé mit Illustrationen vom Autor,
„Die wilden Zebrakicker" von Heike Wiechmann mit Illustrationen der Autorin sowie
„Ecke! Elfer! Tor!" von Manfred Mai mit Illustrationen von Heribert Schulmeyer
© 2016, 2010, 2012 und 2012

© 2020 Ravensburger Verlag GmbH
Postfach 24 60, 88194 Ravensburg

Umschlagbild: Jan Saße
Konzept Leserätsel: Dr. Birgitta Reddig-Korn
Design Leserätsel: Sabine Reddig
Produktion & Satz: Weiß-Freiburg GmbH – Graphik und Buchgestaltung

Printed in Germany
ISBN 978-3-473-36135-9
(für die Ausgabe im Ravensburger Verlag)

www.ravensburger.de
www.leserabe.de

Inhalt

Fabian Lenk

Fußballfieber

Spannende Kickergeschichten

Mit Bildern von Jan Saße

Elfmeter!

„Du gehst ins Tor!", ruft Alex.

„Was, schon wieder? Och, nö!",
mault Ben.

Marie schiebt Ben in den Kasten.

„Los, beeil dich!"

„Genau", meint auch Lucas.

„Das Spiel geht gleich los!"

Ben brummelt vor sich hin.

Immer muss er ins Tor!

Das ist voll öde!

Alex, Marie und Lucas glauben,

dass sie besser schießen als Ben.

Und deshalb soll er

zwischen die Pfosten.

Aber besser im Tor stehen

als gar nicht mitspielen,

denkt sich Ben.

Das Spiel beginnt.

Bens Mannschaft hat Anstoß.

Marie und Alex spielen
einen feinen Doppelpass.

Die Gegner grätschen ins Leere.

Dann passt Alex
den Ball zu Lucas,
der von hinten angesaust kommt.

Er schießt – und der Ball zischt ins Tor!

Ben reißt die Arme hoch:
„1:0 für uns!"

10

Nun hat die andere Mannschaft
den Ball.
Ein Junge mit roten Haaren
umspielt erst Alex,
dann Lucas, dann Marie.
Ben schluckt.

Der Rothaarige stürmt geradewegs
auf ihn zu – und kein Verteidiger
weit und breit!
Ben will ihm entgegenrennen.
„Nein, bloß nicht!", schreit Lucas.
Ben zögert.
Wenn er auf der Linie bleibt,
dann hat der Rothaarige
bestimmt leichtes Spiel.
Es wäre viel schlauer,
wenn er aus dem Tor herauskäme!
Doch Ben tut, was man ihm sagt.

Der Rothaarige zieht ab.
Der Ball landet
in den Maschen.
„Mann, den hättest du doch
halten können!", kreischt Marie.
Ja, wenn ich aus dem Tor
gekommen wäre, denkt Ben.
Aber er schweigt.
„Los, gib mir den Ball",
pflaumt Lucas Ben an.

Wieder zögert Ben.
Ein Gegner lauert
ganz in der Nähe von Lucas!
„Mach schon!", ruft Lucas.
Wenn das mal gut geht …
Doch wieder gehorcht Ben.

Prompt nimmt der Gegner
Lucas die Kugel ab.
Ein Schuss – und schon
steht es 2:1 für die anderen.
„Alles deine Schuld, Ben!",
knurren die anderen.

Ben ist ebenfalls sauer
auf sich. Aber nicht wegen
seiner angeblichen Fehler.
Sondern weil er schon zweimal
auf die anderen gehört hat.

Er hätte sich besser
auf sein Gefühl verlassen sollen.
Das Spiel geht weiter.
Marie gelingt
kurz vor Schluss der Ausgleich.
Jetzt gibt es ein Elfmeterschießen!
Ben wird es mulmig.
Nun kommt es auf ihn an …

Lucas und Marie treffen
für Bens Team.
Aber auch die Gegner
verwandeln ihre Elfer.
Schließlich ist Alex dran.
Er täuscht rechts an
und trifft links unten!

Jubel in der Mannschaft!
Wenn Ben den letzten Elfer
der anderen hält,
hat sein Team gewonnen!
Der Rothaarige legt sich
den Ball zurecht.
Da flitzt Lucas zu Ben.

„Ich kenne ihn. Der schießt immer genau in die Mitte. Bleib also einfach stehen!", flüstert er.
Ben konzentriert sich,
sein Herz rast.
Jetzt läuft der Rothaarige an.
Ganz kurz schaut er nach rechts.
Der schießt immer
genau in die Mitte!

19

Nein, nein, nein!, denkt Ben.
Diesmal verlässt er sich
auf sein Gefühl!
Der andere Junge schießt,
Ben fliegt in die linke Ecke und
faustet den Ball über die Latte.

„Irre Parade!", jubeln Marie,
Alex und Lucas.
Sie feiern ihren Torwart.

Ben ist glücklich.

Vor allem, weil er diesmal das
getan hat, was er für richtig hielt!
Ab jetzt steht Ben gern im Tor.
Und niemand wagt es mehr,
ihm Vorschriften zu machen!

Das Maskottchen

Emma steht mit ihrem Papa
vor dem Fußballstadion.
Sie hofft auf ein Autogramm
von ihrem Lieblingsspieler
Cesare Androtti.
Gleich steigt das Spitzenspiel
in der ersten Liga.
Androtti ist der Star
seiner Mannschaft.
Unheimlich schnell
und trickreich.
Er führt die Torschützenliste an.
19 Tore in 18 Spielen, einfach irre!

Einen dicken Filzstift hat Emma
schon in der Hand. Androtti soll
seinen Namen auf Emmas
T-Shirt schreiben. Dann werden
Emmas Freunde große
Augen machen!
Vor allem Sebastian.

Der gibt nämlich immer an
mit seinen Autogrammen.
Um Emma herum sind
Hunderte von anderen Fans.
Auch sie wollen ein Autogramm.
„Da kommt der Bus!",
ruft jemand plötzlich.

24

Emma stellt sich
auf die Zehenspitzen.
Und tatsächlich,
da schiebt sich ganz langsam
ein Bus durch die Menge
zum Zugang der Kabinen.
Dann steigen die Kicker aus.
Ordner sorgen dafür,
dass eine Gasse gebildet wird.
Es wird gedrängelt und geschubst.
Aber Emma verteidigt
ihren guten Platz.

Doch wo ist Androtti?

Erst ganz zum Schluss

taucht er auf.

Jetzt ist er auf Emmas Höhe!

Das Mädchen streckt

ihm den Filzstift entgegen.

„Ein Autogramm, bitte!"

Androtti winkt ab. „Keine Zeit."

Kein Autogramm?

Was für eine Katastrophe!

Traurig schaut Emma
ihrem Idol nach.
Dabei sieht sie,
dass etwas aus Androttis
Trainingsjacke fällt.
Es ist ein kleiner roter Stoffelefant.
Der Fußballer bemerkt es nicht,
auch nicht die anderen Fans.

Emma schlüpft zwischen
den Ordnern hindurch,
hebt das Stofftier auf
und rennt Androtti hinterher.
„Sie haben etwas verloren!",
ruft sie.
„Keine Zeit!", schallt es zurück.
Androtti dreht sich
noch nicht einmal um.
Nachdenklich steckt Emma
das Stofftier ein.
Vielleicht kann sie es
irgendwo abgeben.

„Komm, Emma!", drängt ihr Vater.
Doch da stürmt
Androtti aus dem Gang.

„Hat jemand mein Maskottchen
gesehen?", ruft er aufgeregt.
„Es ist ein Stofftier,
ein kleiner roter Elefant."
Einige in der Menge lachen.
„Haha, der große Androtti
sucht sein Kuscheltierchen!",
ruft jemand.
„Das ist nicht witzig!",
erwidert Androtti wütend.
„Mein kleiner Sohn hat mir
das Stofftier geschenkt.

Es ist mein Glücksbringer!"

„Ich weiß, wo der Elefant ist!",
meldet sich jetzt Emma zu Wort.

„Wirklich, wo denn?"

„Haben Sie denn diesmal Zeit,
mir zuzuhören?",
fragt Emma.

„Natürlich", sagt der Star schnell.
Nun gibt Emma ihm das Stofftier.

„Der ist Ihnen gerade
aus der Jackentasche gefallen."

Androtti strahlt. „Tausend Dank!"
Emma hält ihm den Filzstift
unter die Nase.
„Bekomme ich denn jetzt
ein Autogramm?"
„Na klar", meint der Star.
„Und weißt du was?
Ich nehme dich mit in die Kabine.
Da bekommst du
von allen ein Autogramm!"

„Super!", jubelt Emma.

„Bis gleich, Papa!"

„Bis gleich", antwortet der Vater.

Und leise fügt er hinzu: „Bring mir

auch ein Autogramm mit, okay?"

„Geritzt", verspricht Emma.

Emma freut sich schon

auf morgen.

Ihre Mitschüler werden staunen!

Vor allem Sebastian!

Tickets fürs Finale

Christian hat eine Karte für das
Pokalfinale geschenkt bekommen!
„Block C" steht vorne drauf,
da hat Christian die beste Sicht
aufs Spielfeld!
Und auf die Rückseite der Karte
hat sein Papa geschrieben:
„Für Christian zum 9. Geburtstag!"
„Wir gewinnen!", sagt Christian, als
er mit seinem besten Freund Matze
im Bus zum Stadion fährt.

„Klar, 3:0!", erwidert Matze,
den alle nur „Grätsche" nennen.
Denn Matze ist ein
knallharter Verteidiger.
Jetzt sind die Freunde am Stadion
und steigen aus.

Überall sind Fans.

Sie singen und schwenken Fahnen.

Langsam schieben sich die Jungs

zu einem der Eingänge.

Da wird Christian von einem

bärtigen Mann angerempelt.

„Passen Sie doch auf!",

beschwert sich Christian.

„Pass selber auf", knurrt der Mann

und verschwindet im Gedränge.

„Blödmann!", schimpft Christian.

„Stimmt", sagt Matze nur
und holt seine Karte hervor.

Auch Christian greift
in seine Jacke.

Aber was ist das?

Das Ticket ist weg!

„Oh nein, gerade hatte ich
die Karte noch!", jammert Christian.

Er schaut in jede Tasche.

Doch vergeblich!

Tränen treten in seine Augen.
Da meint Matze: „Vielleicht hat dich
der Bärtige bestohlen,
als er dich angerempelt hat!
Bestimmt ist der Mann
ein Trickdieb!
Lass uns den Kerl suchen!"
Schon wuselt er durch die Menge.
„Wo willst du hin?", ruft Christian.
„Zu Block C, denn nur
für diesen Block
ist das Ticket ja gültig!",
erwidert Matze.

„Da ist er!", ruft Matze atemlos.
Die Jungs beobachten,
wie der Mann
auf das Tor zusteuert.
„Wir müssen ihn aufhalten!",
sagt Christian entschlossen.
Jetzt hat er neuen Mut gefasst.

„Genau, und am besten alarmieren
wir die Polizei", ergänzt Matze.
Er teilt zwei Beamten
ihren Verdacht mit.
„Gut, wir überprüfen das.
Aber wehe, das stimmt nicht",
sagt einer der Polizisten.

Die Freunde rennen mit den Beamten
auf den Verdächtigen zu.
Als der sie sieht,
ergreift er die Flucht.
„Er flieht!", schreit Christian.
„Haltet ihn auf!"
Aber niemand reagiert.
Nur Matze.
Er überholt Christian,
legt einen tollen Sprint
hin und bringt den Bärtigen
mit einer astreinen Grätsche
zu Fall.

Der Mann fliegt in einen Stand
mit Fanartikeln,

der in sich zusammenkracht.
Bevor der Bärtige

erneut flüchten kann,

wird er von der Polizei durchsucht.
„Da ist ja meine Karte!",

jubelt Christian.

„Quatsch, das ist meine!",

blafft der Mann ihn an.

Christian dreht die Karte um.

„Für Christian zum 9. Geburtstag",

ist dort zu lesen.

Jetzt gesteht der Bärtige.
Die Polizisten schleppen
den Kerl zur Wache.
Und Christian und Matze,
genannt „Grätsche"?
Die schauen sich das Spiel an!

P.S.: Ihre Mannschaft gewinnt.
3:0, genau wie Matze getippt hat!

Leopé

Fußballgeschichten

Mit Bildern des Autors

William kommt

„Ab heute", sagt der Trainer,
„spielt William bei uns mit."
Die Kinder gucken neugierig.
„Seid nett zu ihm,
er spricht nur wenig Deutsch."

„Hauptsache,
er kann Fußball spielen",
sagt Nadja zu Theo.
Bald zeigt sich:

William spielt hervorragend.

„Der hat ja Tricks drauf!",
staunt Nadja.
„Stimmt", sagt Theo.
„Wie der dribbelt!
Und jeder Schuss ein Treffer."

Nach dem Training
erklärt der Trainer:
„Das Spiel übermorgen
müssen wir unbedingt gewinnen.
William wird vorne spielen
und die Tore schießen.
Nadja spielt außen
und Theo hinten.
Alles klar?"

Die Spieler nicken.
„Okay, dann bis Samstag",
sagt der Trainer.
„Und seid pünktlich!"

Theo ist sauer.
Bisher spielte er vorne
und Nadja gab ihm die Pässe.
Auf dem Heimweg schimpft Theo:
„Dieser William nervt!"
„Und wie", grummelt Nadja.

Missmutig traben Theo und Nadja
am Samstag auf den Platz.
Kurz darauf ist Anpfiff.

Nadja spielt William nicht an
und Theo will ihn nicht sehen.
Doch William schnappt sich
den Ball, trickst alle aus
und schießt das 1:0.

Etwas später verliert
einer ihrer Abwehrspieler
den Ball vorm eigenen Tor.
William eilt herbei.

„Was machst du da?", ruft Theo
und drischt auf den Ball.
Der Ball knallt gegen William
und prallt unhaltbar ins eigene Tor.
Zur Halbzeit steht es 1:1.

Der Trainer schimpft:
„Theo, Nadja,
ihr sollt William anspielen."
„Wer hat denn das Eigentor …",
mault Theo.

„Schluss!", donnert der Trainer.
„Und William, du spielst vorn."

In der zweiten Halbzeit
reißt Theo sich zusammen.
Er spielt den Ball nach vorne.
William nimmt ihn, dribbelt
und knallt ihn ins Netz: 2:1.

Etwas später
passt Nadja zu William,
der schießt: 3:1!
Sofort rennt Nadja zu William
und umarmt ihn vor Freude.

Kurz vor Abpfiff
macht William sogar das 4:1.
„Gewonnen!", jubelt Theo
und klopft William auf die Schulter.

Der Trainer läuft herbei und ruft:
„William, sehr gut!
Theo und Nadja,
eure Pässe waren 1a."

William schaut Theo und Nadja an
und nickt anerkennend.
„Danke", murmelt Theo.
Plötzlich hat er eine Idee.

„Wie wär's?", fragt er William.
„Ich helfe dir, Deutsch zu lernen.
Dafür bringst du uns
deine Tricks bei!"
„Okay", sagt William
und alle lachen.

Die doofe Frau Keller

„Heute holt euch Frau Keller
von der Schule ab",
sagt Mama zu ihren Zwillingen.
„Die?", rufen beide entsetzt.
„Ja, ich muss zum Zahnarzt",
erklärt die Mutter.
„Frau Keller ist doch nett."

„Von wegen", jammert Jakob.
„Die guckt immer so grimmig."
„Stimmt", ergänzt Kai,
„außerdem sieht sie aus
wie eine Wäscheton ..."

„Schluss jetzt!", schimpft die Mutter.
„Frau Keller holt euch
nach dem Schulmittagessen ab.
Und ihr benehmt euch anständig."

Während der Schule
macht Kai ständig üble Witze
über Frau Keller.
Und Jakob malt ein böses Bild.

Punkt 15 Uhr betritt Frau Keller
das Klassenzimmer.
„Hallo, ihr beiden!", ruft sie
und tippt Jakob auf die Schulter.

Frau Keller sieht das Bild.
„Nicht gerade schmeichelhaft",
meint sie, „aber gut getroffen."
Jakob errötet.

Doch Frau Keller lacht.
„Los, Jungs!", sagt sie
und wirft einen Fußball hoch.
„Jetzt zeigt mal, was ihr könnt!"

Kurz darauf drischt Frau Keller
auf den Ball.
Kai haut ihn zurück, so stark er kann.

Aber Frau Keller stoppt ihn
geschickt mit der Hacke
und macht allerlei Kunststücke
mit ihm.

„So!", ruft Frau Keller,
„jetzt spielt ihr gegen mich!
Wenn ich verliere,
bekommt ihr ein Eis.
15 Minuten. Ich stoppe die Zeit."

„Die hat null Chancen",
flüstert Jakob.
„Los, fegen wir sie weg",
schmunzelt Kai.

Die Brüder legen los wie der Teufel.
Aber Frau Keller
steht immer goldrichtig.

Wenn sie den Ball einmal hat,
kassieren die Jungen ein Tor.
Schnell steht es 7:5 für Frau Keller.

Kurz vor Schluss
geht Frau Keller die Puste aus.
Sie steht nur noch vor ihrem Tor.

Jakob zieht ab. 7:6.
Danach schießt Kai das 7:7.
Gerade als Frau Keller
„Ende" ruft, trifft Jakob erneut.
„8:7", jubelt Kai. „Gewonnen!"

„Aber nur, weil ich platt bin",
keucht Frau Keller.
„Als ich vor zwei Jahren
die 2. Frauenmannschaft
trainiert habe,
war ich noch fit. Aber jetzt …"

„… gibt's Eis!", ruft Kai.
Frau Keller nickt.
„Spielen wir morgen wieder, Jungs?
Ich muss was für meine Figur tun."

Kai zwinkert, und Jakob sagt:
„Klar, Lust auf Eis haben wir immer!"

Frau Keller lacht.
Während alle ihr Eis schlecken,
sagt sie: „Seid euch eures Sieges
bloß nicht so sicher.
Wenn ich erst mal ein paar
Kilos runter habe,
seht ihr alt aus."

Die goldene Torwand

Joschi will heute auf dem Sportfest
die goldene Torwand gewinnen.
„Leon ist krank", sagt Iken.
„Das ist deine Chance."

Leon ist ein Jahr älter
und spielt schon im Verein.
Aber er hänselt Joschi immer.

Joschi trägt sich in die Liste ein.
Da ruft jemand:
„Du kannst gleich einpacken,
ich mach auch mit."

Joschi fährt herum.
Es ist Leon.

„Ich dachte, der ist krank",
murmelt Joschi.
„Das dachte ich auch", sagt Iken.
Joschi schluckt.

Der Wettkampf beginnt.
Joschi gewinnt das erste Duell.
Auch seinen zweiten Gegner
besiegt er klar.

Der dritte kommt gar nicht.
„Ohne Gegner gewinnt es sich leicht",
stichelt Leon frech.

Nach zwei weiteren Runden
ist Joschi fast am Ziel.
Der Schiedsrichter ruft:
„Im Endspiel treten an:
Leon Berg gegen Joschi Neuer!"

Joschi beginnt.

Er legt sich den Ball zurecht.

„Pass auf, dass du nicht
drüber stolperst", spottet Leon.

Joschi tritt an …
und haut total daneben.

„Na, du blindes Huhn",
zischt Leon.

Joschis Beine fühlen sich an
wie Wackelpudding.
Deshalb verschießt er auch
die nächsten zwei Bälle.

Jetzt ist Leon dran.
Er trifft bei drei Schüssen einmal.
„1:0 für Leon. Nun oben",
sagt der Schiedsrichter.

Iken reicht Joschi Ohrenstöpsel.
„Was ist denn das?",
fragt er.
„Stopf dir die in die Ohren",
sagt Iken. „Meine Mama
nimmt sie immer beim Schlafen.
Ich habe ihr gerade neue besorgt.
Nun mach schon!"

Joschi stopft sich die Ohrenstöpsel
in die Ohren.

„Vorsicht", stichelt Leon,
„du brichst dir noch den Fuß."
Aber Joschi kann ihn nicht hören.
Aus dem Fußgelenk hebt er
den Ball gekonnt ins obere Loch.

„Einer geht immer", nölt Leon.
Joschi hört wieder nichts –
und trifft zum zweiten Mal.
Jetzt ist Joschi ganz sicher.
Er zielt genau
und trifft zum dritten Mal.

Nun ist Leon an der Reihe.

Er schießt dreimal daneben.

Der Schiedsrichter ruft:

„3:1 für Joschi NEUER!"

„Wie bitte?", fragt Joschi

und zieht die Ohrenstöpsel heraus.

„Du hast gewonnen!", ruft Iken.

„Ich weiß", sagt Joschi und lacht.

„Ich hab zwar nichts gehört,

aber gesehen hab ich alles."

Heike Wiechmann

Die wilden Zebrakicker

Mit Bildern von der Autorin

Die verpatzte Chance

Es steht 1:1 im Halbfinale
um den Stadtpokal.
Die letzte Minute läuft.
Jakob stürmt mit dem Ball
in den Strafraum der Rot-Weißen.
„Zebrakicker vor!",
brüllen die Fans.
So heißt Jakobs Mannschaft,
die E-Jugend des 1. FC Fortuna.

Nur ein Verteidiger
steht noch vor dem Tor.
„Zieh vorbei, Jakob!",
ruft Manni, der Trainer.
Aber der Rot-Weiße
drängt Jakob ab.
Jakob stolpert
und verliert den Ball.

Da setzt Bert nach!
Der Kapitän der Zebras
ist ein super Stürmer.
Er jagt dem Verteidiger den Ball ab,
dribbelt ihn vors Tor
und schießt.
2:1 für die Zebrakicker!

Der Schiedsrichter pfeift dreimal.

Das Spiel ist aus.

Die Zebras fallen sich in die Arme.

„Wir sind im Finale!", jubelt Jakob.

„Genau", zischt Bert.

„Und du hättest es
beinahe verpatzt."

„Kommt ihr?",
ruft Sine, die Torwartin.
„Manni spendiert ein Eis."
Die Zebrakicker laufen zum Kiosk
neben dem Vereinsheim.
„Klasse Spiel, Zebras!",
sagt Frau Wischke,
die Kioskbesitzerin.
„Wir holen den Pokal",
johlen Eren und Bo.
„Wenn unser rosa Babykicker
nicht mitspielt", sagt Bert.
Grinsend zeigt er
auf Jakobs Hemd.
Jakob seufzt.
Seit gestern
ist sein Trikot
babyrosa.

Sein Bayern-Schal hat es
beim Waschen verfärbt.
Manni kommt
und klopft Jakob
auf die Schulter.
„Du musst dich vor dem Tor
mehr durchsetzen", sagt er.
„Wir üben das noch."
„Ja", murmelt Jakob.
Durchsetzen kann er sich nicht gut.
Vor allem nicht gegen Bert.

Kein Trainer!

Montag ist wieder Training.

Aber Manni ist nicht da.

Dafür kommt der Jugendwart

über den Platz.

„Manni hat Grippe", sagt er.

„Ihr müsst heute allein trainieren."

Bert greift sich den Ball.

„Jona, Sine und Eren

gegen Pia, Bo und mich",

bestimmt er.

„Und ich?", fragt Jakob.

„Du kannst zuschauen", sagt Bert.

„Du versemmelst ja alle Chancen."

Wütend stapft Jakob vom Platz.

Frau Wischke holt gerade
einen Ball vom Kioskdach.
„Trainierst du heute nicht?",
fragt sie. „In zwei Wochen
ist das Finale."
„Da spiel ich nicht mit",
stößt Jakob hervor.
„Wieso?", fragt Frau Wischke.
„Du bist schnell
und kannst super passen."
„Aber im Zweikampf
bin ich mies",
sagt Jakob leise.

87

„Das kannst du lernen",
sagt Frau Wischke.
Sie legt den Ball auf den Boden
und rollt ihn
mit dem Fuß hin und her.
„Los, greif an!"
„Ich meine 'nen echten Zweikampf",
murrt Jakob.
„Gegen meine Mutter
gewinne ich auch."
Lustlos holt er aus.
Aber sein Tritt geht ins Leere.

Jakob stutzt.

Frau Wischke steht auf einmal
hinter ihm.

Jakob täuscht einen Angriff an.

Frau Wischke tunnelt.

Sie dribbelt den Ball,
als würde er ihr am Fuß kleben.

Jakob schwitzt und rackert.

„Ich schaff's nicht", schnauft er.

„Enger an den Mann!",

kommandiert Frau Wischke.

„Guck auf den Ball,

nicht auf den Fuß."

Jakob umkreist seine Gegnerin.

Auf einmal sieht er seine Chance.

Blitzschnell spitzelt er das Leder

von Frau Wischkes Fuß.

„Super!", ruft die Kioskbesitzerin.

Den ganzen Nachmittag
trainieren die beiden.
Wie man den Ball eng am Fuß führt,
ihn mit dem Körper abdeckt
und einen Schuss antäuscht.
„Genug", sagt Frau Wischke.
„Das übst du bis zum Finale.
Und lass deine Mannschaft
nicht im Stich!"
„Versprochen", sagt Jakob.

Die neue Trainerin

Am Mittwoch ist Manni
immer noch krank.
„Bis zum Endspiel fällt er aus",
sagt der Jugendwart.
„Einen Ersatztrainer habe ich
noch nicht gefunden."
Betrübt sitzen die Zebras
in der Umkleide.
„Ich weiß jemanden",
ruft Jakob plötzlich.
„Frau Wischke!"

Bert tippt sich an die Stirn.

„Mensch, Babykicker", sagt er.

„Was weiß die denn von Fußball?

Sie guckt doch immer nur zu."

„Wir müssen es versuchen",

sagt Pia.

„Ohne Trainer können wir

das Endspiel vergessen.

Wer ist dafür?"

Alle melden sich.

Bis auf Bert.

Mürrisch trottet er

hinter den anderen zum Kiosk.

„Ihr habt keinen Trainer?",

fragt Frau Wischke.

Sie bindet ihre Schürze ab.

„Holt die Tore und die Bälle.

Wir fangen gleich an."

„Mir hat das Training gefallen",
sagt Pia beim Umziehen.
„Mir auch", sagt Jakob.
„Weil die Wischke
dich gelobt hat?", schnaubt Bert.
Frau Wischke steckt den Kopf
in die Kabine.
„Zebras, unser Endspielgegner
steht fest", sagt sie.
Sie hält ein Blatt Papier hoch
und liest. „Es ist TuS Itten."
„Auweia", flüstert Bo.
„Gegen die haben wir
noch nie gewonnen."
„Aber diesmal siegen wir",
sagt Bert und stampft
mit dem Fuß auf.
„Ze-Ze-Zebras vor!", ruft er.

„Noch-noch-noch ein Tor!",
ruft der Rest der Zebras.

Wie Sané!

„Legt die Bälle zur Seite

und setzt euch Rücken an Rücken

auf den Rasen",

sagt Frau Wischke

beim nächsten Training.

„Wir machen heute Partnerübungen."

„Was soll das?", protestiert Bert.

„Wir müssen trainieren.

Fürs Endspiel."

„Eben", sagt Frau Wischke.

„Um zu gewinnen, müsst ihr euch
aufeinander verlassen können.
Das üben wir jetzt."
Im Krebsgang krabbeln die Zebras
über den Platz.
Jona und Eren sind am schnellsten.
„Wechselt die Partner!",
ruft Frau Wischke.
„Jetzt hinken wir um die Wette."

„Wenn wir verlieren
bist du Schuld, Babykicker",
sagt Bert in der Trinkpause.
„Das mit der Wischke
war schließlich deine Idee."
Jakob presst die Lippen
aufeinander.
Warum muss Bert
immer so gemein sein?
„Im Kiosk steht ein Haufen Pokale",
wirft Eren ein. „Ich hab gehört,
die hat Frau Wischke
selbst gewonnen."

„Beim Würstchenwettbraten?",
höhnt Bert.
Er springt auf, holt einen Ball
und geht zu Frau Wischke.
„Gestern war Leroy Sané
im Fernsehen", sagt er.
„Der hält den Ball ewig in der Luft.
Können Sie das auch?"

Jakob hält den Atem an.

„Mal sehen", sagt Frau Wischke.

Sie wirft den Ball hoch,

duckt sich,

stößt das Leder

mit der Stirn in die Luft

und kickt es mit dem Innenrist

über die Schulter.

Blitzschnell dreht sie sich um
und lässt den Ball von einem Fuß
auf den anderen hüpfen.
„Toll!", sagt Eren.
„Wie Sané!", ruft Jakob.

„Was weißt du denn schon,
rosa Babykicker?", faucht Bert.
Sine stellt sich neben Jakob.
„Ich finde rosa gut", sagt sie laut.
Da sagt Bert gar nichts mehr.
Torwartin Sine hält fast jeden Ball.
Und ihre Torwarthandschuhe
sind knallrosa.

Das Finale

Die Zebras trainieren hart
für das Endspiel.
Jede Nacht träumt Jakob
von Abseitsfallen, Fouls
und Elfmetern.
Endlich ist der Tag des Finales da.
Es findet bei TuS Itten statt.
Der Mannschaftsbus
bringt die Zebras dorthin.
Pia kichert.
„Wie die echten Profis", sagt sie.
Jakob nickt.
Wenn er nur nicht so aufgeregt wäre!

In der Kabine
reden alle durcheinander.
Frau Wischke
schwenkt die Kapitänsbinde.
„Wer ist heute Spielführer?",
fragt sie.
„Ich", sagt Bert.
„Ich bin immer Kapitän."
„Bei mir wird gewechselt",
sagt Frau Wischke.
„Jeder kommt mal dran."
Sie blickt auf Jakob.
„Möchtest du?", fragt sie.
Schlagartig ist es still.
„Ja", sagt Jakob.
Bert springt auf.

„Der Babykicker
soll Kapitän sein?“, ruft er.
„Da verlieren wir garantiert.“
„Bert, so redet man nicht
über seinen Kapitän“,
sagt Frau Wischke.
Aber Bert hört nicht auf.
„Ich spiel nicht mit!“, schreit er.
„Gut“, sagt Frau Wischke ruhig.
„Jona, du gehst in den Sturm.
Bert ist Ersatzspieler.“
Bert wird so weiß wie sein Trikot.

„Die Mannschaften
bitte auf den Platz!",
quäkt es aus dem Lautsprecher.
An der Spitze der Zebras
läuft Jakob über den Rasen.

Wie im Traum gibt er
dem Schiedsrichter die Hand.
Frau Wischke streckt
den Daumen in die Höhe.
Der Anpfiff!
Anstoß für die Zebras.

Pia passt zu Jakob.

Der stürmt über die Mittellinie.

Doch die Ittener Abwehr ist stark.

Der Angriff der Zebras
endet vor dem Strafraum.

Jetzt greifen die Gastgeber an.

Aber Sine hält den Kasten sauber.

Mit ihren rosa Handschuhen
fängt sie jeden Ball.

Zur Halbzeit steht es 0:0.

„Ich bin k. o.", japst Jona.

Schweißgebadet hocken
die Zebras im Gras.

„Die Ittener sind topp",
sagt Frau Wischke.
„Spielt mehr zusammen,
sonst tricksen sie euch aus."
„Bert fehlt", sagt Jakob auf einmal.
Er läuft zur Ersatzbank.
„Spiel mit!", sagt Jakob.
„Bitte. Sonst verlieren wir."
Langsam steht Bert auf.
„Okay, Babykicker", sagt er.
„Ich heiße Jakob", sagt Jakob.

Die zweite Halbzeit beginnt.

Bert geht für Jona rein.

Pia und Bo sichern den Strafraum.

Eren rackert im Mittelfeld.

Vorne stürmen Bert und Jakob.

Die Ittener bewachen ihr Tor

wie eine Horde Löwen.

„Lange Pässe!", brüllt Frau Wischke.

„Guckt, wo die anderen stehen!"

Eren passt zu Jakob.

Jakob flankt zu Bert.

Der nimmt den Ball aus der Luft

und sprintet durch eine Abwehrlücke.

Doch der Kapitän der Ittener

rempelt ihn um.

Bert fällt.

Foul!

Der Schiedsrichter pfeift.
Elfmeter für die Zebras.
„Schieß du ihn, Jakob!",
ruft Frau Wischke.
Jakobs Herz pocht wild.
Er legt sich den Ball zurecht,
nimmt Anlauf und drischt drauf.

Der Ittener Torwart
wirft sich in die Ecke.
Keine Chance!

„Tooor!", brüllt Jakob.

Die Zebras umarmen sich stürmisch.

Noch drei Minuten zu spielen.

Itten ist völlig aus dem Takt.

Kein Tor mehr bis zum Abpfiff!

Die Zebrakicker haben gewonnen!

Jakob springt auf Berts Rücken.

„Wir haben den Pokal!", jubelt er.

„Runter, Babykicker!", ruft Bert.

Aber er strahlt
übers ganze Gesicht.
Arm in Arm gehen sie
zur Siegerehrung.

Da sieht Jakob,
dass Berts Stutzen
auch verfärbt sind.
Und zwar rosa.
„Rosa ist doch 'ne coole Farbe",
sagt er und grinst.
Bert grinst zurück.
„Eine echte Glücksfarbe."

Manfred Mai

Ecke! Elfer! Tor!

Mit Bildern
von Heribert Schulmeyer

Der kleine und der große Joshua

Joshua ist ein Fußballtalent.

Mit seinen acht Jahren spielt er schon

in der Bezirksauswahl.

Und dort gehört er zu den Besten.

An diesem Wochenende
steht etwas ganz Besonderes
auf dem Programm:
Die Bezirksauswahl fährt
nach München in die Allianz-Arena
zum Bundesligaspiel der Bayern
gegen Borussia Dortmund.
Aber nicht nur zum Zuschauen.
Nein, die Auswahl darf
gegen die E-Jugend
von Bayern München spielen.

Die Jungen aus den kleinen Vereinen
sind sehr aufgeregt.
In so einem großen Stadion
vor so vielen Zuschauern
haben sie noch nie gespielt.
Sie machen immer wieder Fehler und
liegen schnell 0:2 zurück.
Es dauert einige Zeit, bis sie ihre
Nervosität ablegen.

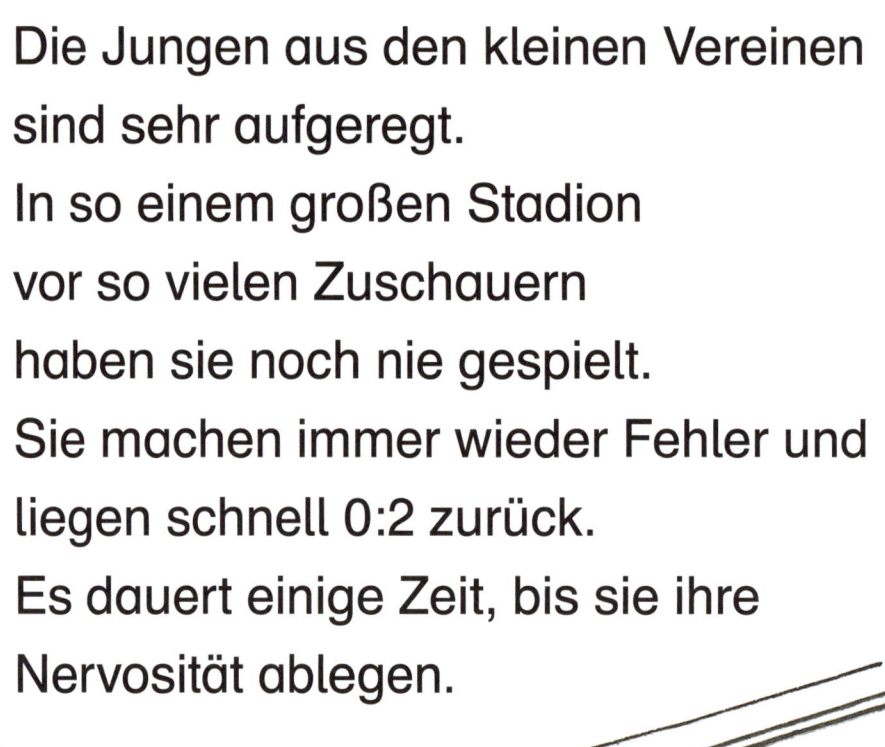

Vor allem Joshua glänzt
mit guter Spielübersicht
und tollen Pässen.
Nach einer schönen Kombination
zirkelt er den Ball
genau in den Torwinkel
und erhält für diesen Meisterschuss
viel Applaus von den Rängen.

In der zweiten Halbzeit
legen die Bayern-Jungs
noch einen Zahn zu
und erhöhen auf 4:1.
Kurz vor Schluss
erwischt Joshua den Ball,
narrt seinen Gegenspieler
und schlägt einen genauen Pass
in den Lauf von Jonas.
Der zieht sofort ab
und verkürzt auf 4:2.
So endet das Spiel.

Trotz der Niederlage sind die Jungs
der Bezirksauswahl nicht enttäuscht.
Vor allem Joshua wird gelobt.
„Dich könnten wir gut gebrauchen",
sagt der Bayern-Trainer.
Darüber freut sich Joshua sehr.
Aber noch mehr freut er sich,
dass er und die anderen Jungs
vor Beginn des Bundesligaspiels
mit den Profis auflaufen dürfen.
Doch zuvor müssen sie duschen
und sich umziehen.

Joshuas größter Wunsch ist,
dass er mit Joshua Kimmich
auflaufen darf.
Und der Wunsch geht in Erfüllung.
Kimmich nimmt
Joshuas Hand.
So nah war er seinem Vorbild
noch nie.

Er schaut hoch und sagt leise:

„Ich heiße auch Joshua."

„Wirklich?"

Joshua nickt.

Der große Joshua

drückt die kleine Hand und lächelt.

„Na, dann streng dich an,

dass du später mal

mein Nachfolger wirst!"

„Das mache ich", sagt Joshua

und strahlt über das ganze Gesicht.

Das Entscheidungsspiel

Felix spielt seit einem Jahr
bei den Bambinis
des FC Winterlingen.
Allerdings gibt es ein Problem:
Felix möchte am liebsten
im Tor und im Sturm spielen.
Denn er ist ein guter Torhüter
und ein guter Stürmer.
„Du musst dich entscheiden!",
sagt der Trainer.
Aber Felix kann sich
nicht entscheiden.

Am Samstagnachmittag findet
auf dem Winterlinger Sportplatz
ein kleines Turnier statt.
Die Bambinis aus Albstadt,
Bitz und Straßberg
sind zu Gast.
Im Eröffnungsspiel
trifft Winterlingen auf Straßberg.
„Wir beginnen mit Felix im Tor",
sagt der Trainer.
Felix zieht einen Pulli über
und seine Torwarthandschuhe an.

Schnell zeigt sich,
dass die Winterlinger
sicherer kombinieren können.
Es dauert auch nicht lange,
bis Leon das 1:0 erzielt.
Und kurz vor dem Halbzeitpfiff
gelingt Maxi noch das 2:0.

In der zweiten Halbzeit
werden die Straßberger stärker,
aber Felix hält alles,
was auf sein Tor kommt.
Nach einer tollen Parade
wirft er den Ball
schnell zu Leon.
Der spurtet los und erzielt
mit einem Flachschuss das 3:0.
Das ist auch das Endergebnis.

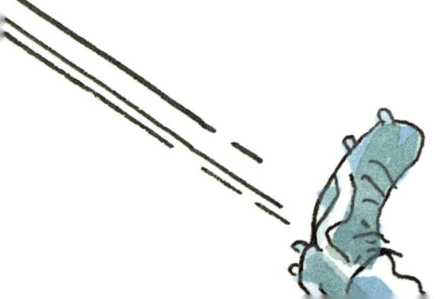

Gegen Bitz möchte Felix lieber
im Sturm spielen.
„Nach einem Sieg soll man
die Mannschaft nicht ändern",
sagt der Trainer.
Also muss Felix wieder ins Tor.

Er ist sauer und überlegt sich,
ob er absichtlich
neben den Ball greifen soll.
Dann würde der Trainer
ihn aus dem Tor nehmen
und draußen spielen lassen.
Aber dann würden sie vielleicht
verlieren.
Und das will Felix
natürlich nicht.

Die Winterlinger Bambinis
gewinnen auch gegen Bitz
und stehen damit im Endspiel
gegen Albstadt.
Wieder bittet Felix den Trainer,
ihn im Sturm spielen zu lassen.
Wieder will der Trainer
die siegreiche Mannschaft
nicht ändern.
Felix schmollt.

Vor dem Endspiel sind die Jungs
besonders aufgeregt.
Einige müssen noch pinkeln.
Gleich nach dem Anpfiff
drängen die Albstädter
auf eine schnelle Führung.
Doch die Winterlinger verteidigen
mit allen Kräften.
Und Felix scheint vier Arme zu haben.
Er hält alles, was aufs Tor kommt.
Fünf Minuten vor Schluss
steht es immer noch 0:0.

Da ruft Felix plötzlich:
„Torwartwechsel!"
Und bevor der Trainer
etwas sagen oder tun kann,
zieht Felix den Pulli
und die Handschuhe aus,
gibt die Sachen Enes
und läuft nach vorn.
Felix flitzt wie ein geölter Blitz
über den Platz.

Weil die Beine der anderen
nach drei Spielen
schon ein wenig schwer sind,
kann Felix einem Gegner
den Ball vom Fuß spitzeln.
Er umdribbelt mühelos
zwei Albstädter
und läuft aufs Tor zu.
Felix täuscht einen Schuss
nach links an.
Der Torhüter hechtet nach links,
und Felix braucht den Ball
nur noch in die rechte Ecke
zu schieben.

„Tor!", ruft er
und reißt die Arme hoch.
Sekunden später kommen
seine Mitspieler angerannt
und werfen sich auf ihn.
Der Schiedsrichter hat Mühe,
die begeisterten Jungs
wieder in ihre Hälfte zu bringen.

Das Spiel dauert noch zwei Minuten
und endet 1:0 für Winterlingen.
Mit diesem Überraschungssieg
haben sie zum ersten Mal
ein Turnier gewonnen.
Bei der Siegerehrung
gibt es neben viel Lob
auch einen schönen Pokal.
Und Felix weiß nun,
was er in Zukunft sein will:
Stürmer!
Denn es gibt nichts Schöneres
für einen Fußballer,
als Tore zu schießen.

Die Spaßkicker

„David, du hast zwei linke Füße!",
sagt Papa manchmal zu David.
Das ist natürlich Quatsch!
David hat einen linken
und einen rechten Fuß.
Genau wie alle Kinder.
Aber richtig ist,
dass David ziemlich oft
mit seinem linken Fuß
über den rechten stolpert.
Und umgekehrt.
Vor allem beim Fußball.

Trotzdem spielt David gern Fußball.
Für ihn gibt es nichts Schöneres.
Nur lassen ihn die anderen Jungs
meistens nicht mitspielen.
Höchstens mal, wenn einer fehlt.
Aber dann bekommt David
keinen Ball zugespielt.
Auch wenn er sich
hundertmal frei läuft.
Das findet er doof und gemein.
So macht Fußball
natürlich keinen Spaß.
Und weil David sich den Spaß
nicht verderben lassen will,
überlegt er sich etwas:

Ich suche Jungen und Mädchen,
die gern Fußball spielen,
einfach weil sie Freude
daran haben.
Auch wenn sie nicht so gut sind,
dass sie Profi werden könnten.

Das schreibt er auf ein Blatt
und hängt es mit seinem Namen
und der Telefonnummer
ans Schwarze Brett in der Schule.

Schon am Nachmittag
läutet das Telefon viermal.
Und nach zwei Tagen treffen sich
drei Mädchen und sieben Jungen
auf dem Bolzplatz.
Sie bilden zwei Mannschaften,
und los geht's!
David spielt mit Anne, Pia,
Cihan und Lukas.
Und sie spielen wirklich
miteinander.
Auch wenn nicht
alle Bälle ankommen
und mancher Schuss
danebengeht,
sind sie mit Feuereifer dabei.
Und niemand wird ausgelacht.

Nach einer Stunde machen sie Pause
und setzen sich ins Gras.
„Das ist toll!", sagt Lukas
völlig außer Atem.
„Ich habe noch nie
so viele Bälle bekommen."
„Und ich habe ein Tor geschossen!",
ruft Lene strahlend. „Das erste Tor
in meinem Leben!"
„So macht Fußball richtig Spaß!",
sagt David.
„Das war eine Superidee!",
loben ihn die andern.

Schnell spricht sich
die Sache herum,
und es kommen noch mehr Kinder.
Einmal kommen auch
ein paar Jungs,
die im Verein spielen.
Aber nicht zum Mitspielen.
Sie machen nur dumme Witze.
„Seid ihr der FC Gurkenkicker?",
fragt einer.

„Wir sind die Spaßkicker!",
antwortet David. „Und ihr könnt uns
den Spaß am Fußball
nicht mehr verderben."
Als Davids Papa erfährt,
was sein Sohn geschafft hat,
sagt er schmunzelnd:
„Du hast zwar zwei linke Füße,
aber ein kluges Köpfchen.
Ich bin stolz auf dich!"

Ist das klar?

Heute ist ein schöner Tag.
Nachdem die Zwillinge
Johanna und Leander
ihre Schulaufgaben gemacht haben,
fahren sie mit den Rädern
zum Bolzplatz.
Denn beide spielen gern Fußball.

Auf dem Bolzplatz kicken ein paar
fremde Jungen.
„Dürfen wir mitspielen?", fragt Leander.
Die Jungen haben nichts dagegen,
weil sie nur zu acht sind.
„Aber du musst ins Tor!",
sagt Alexander zu Johanna.
„Warum?", fragt sie.
„Weil … weil wir einen Tormann
brauchen", antwortet Alexander.

„Wenn ihr einen Tormann braucht,
bin ich nicht die Richtige",
sagt Johanna grinsend.
„Warum nicht?", fragt Alexander,
der zwar ein guter Fußballer,
aber kein Schnelldenker ist.
„Schau sie doch mal genau an",
sagt Leander.
Er kann sich nämlich denken,
worauf seine Schwester hinauswill.

Alexander betrachtet sie
von oben bis unten.
„Ich seh nichts Besonderes",
murmelt er.
„Ich kann kein Tormann sein",
sagt Johanna.
„Wenn ich ins Tor gehe,
bin ich eine Torfrau.
Ist das klar?"
„Mir doch egal, was du bist",
brummt Alexander.
„Wenn du mitspielen willst,
musst du jedenfalls ins Tor."
Johanna und Leander zwinkern
sich zu.

„Warum soll ich denn unbedingt
ins Tor gehen?", fragt Johanna.
„Weil du ein Mädchen bist,
und Mädchen können sowieso
nicht richtig Fußball spielen",
behauptet Alexander.
„Im Tor störst du am wenigsten."
Normalerweise gibt Johanna
solchen Jungs
die passende Antwort.
Aber diesem Großmaul
will sie es anders zeigen.

„Also gut", sagt sie.

„Ich gehe ins Tor.

Aber nur, wenn ich nicht

in deiner Mannschaft spiele."

„Ich bin sogar froh,

wenn du bei den andern spielst",

sagt Alexander.

Dann flüstert er

seinem Freund Paul etwas ins Ohr.

Mit Johanna und Leander
spielen Mesut, Luis und Fabian.
Von der ersten Minute an
will Alexander unbedingt
ein Tor schießen.
Doch Johanna hechtet
nach allen Seiten
und fängt jeden Ball.
„Das gibt's doch nicht!",
ruft Alexander,
als sie einen tollen Schuss
aus der äußersten Ecke fischt.

„Die hält ja wie ein Weltmeister!"
„Weltmeisterin!",
korrigiert ihn Johanna.
„Hast du vielleicht schon mal
was von Nadine Angerer gehört?
Die ist mein großes Vorbild."
„Wer soll das sein?",
fragt Alexander.
„Die war Torhüterin
der deutschen
Nationalmannschaft",
klärt Johanna ihn auf.
„Und zweimal Weltmeisterin und
fünfmal Europameisterin.
Das hat noch kein
Mann geschafft."

„Pah", macht Alexander.
„Frauen können trotzdem
nicht Fußball spielen!"
Mit diesen Worten
marschiert er davon.
Und niemand ruft ihm hinterher,
er solle doch bleiben.

Leserabe Leserätsel

Rätsel 1

Viel zu viele Buchstaben!

Streiche die Buchstaben, die zu viel sind.

TEBORWALARST

AUSTIROGRALEMM

SITADIGARON

Rätsel 2

Wörter ohne Grenzen

Wie viele Fußballwörter findest du?

PASSTRIKOTTEAMELFERSCHUSS

ABSEITSTORTURNIERANPFIFFFOUL

Lösungen
Rätsel 1: Übrig bleiben Torwart, Autogramm, Stadion
Rätsel 2: Pass, Trikot, Team, Elfer, Schuss (5)
Abseits, Tor, Turnier, Anpfiff, Foul (5)

Wörter im Versteck

Insgesamt sind sechs Wörter versteckt. Kreise sie ein.

→
↓

N	P	L	A	T	Z
B	A	L	L	S	R
P	R	O	F	I	E
E	A	F	B	E	C
K	D	I	U	G	K
R	E	S	X	W	E

Für Fußballexperten

Wer kennt sich aus mit Fußball?

Das letzte Spiel in einem Turnier ist das _____.

Ein Tor hat links und rechts je einen _____ .

Ein _____ bringt Glück.

Lösungen
Rätsel 3: Platz, Ball, Profi, Parade, Sieg, Ecke
Rätsel 4: Finale, Pfosten, Maskottchen

155

Rätsel für die Rabenpost

Hast du die Geschichte „Die wilden Zebrakicker"
gelesen? Was stimmt? Ersetze die richtige Zahl
durch den passenden Buchstaben.
Dann erhältst du das Lösungswort.

	Ja	Nein
Die Zebrakicker sind nur Jungs.	2	16
Der Trainer heißt Bert.	21	15
Sine ist Stürmerin.	9	11
Jakob mag Frau Wischke.	1	23
Die Zebras gewinnen das Finale.	12	7

A 1	B 2	C 3	D 4	E 5	F 6	G 7	H 8	I 9
J 10	K 11	L 12	M 13	N 14	O 15	P 16	Q 17	R 18
S 19	T 20	U 21	V 22	W 23	X 24	Y 25	Z 26	

Lösungswort:

Rabenpost

Bitte frage deine Eltern!*

Super, geschafft!

Jetzt ist es Zeit für die Rabenpost.
Wenn du das Lösungswort herausgefunden hast,
kannst du tolle Preise gewinnen, aber bitte frage vorher
deine Eltern, ob du mitmachen darfst!

Gib es auf der Website ein:

▶ www.leserabe.de

oder mail es uns: ▶ leserabe@ravensburger.de

oder schick es mit der Post an:

Lösungswort:

An
den LESERABEN
RABENPOST
Postfach 2007
88190 Ravensburg
Deutschland

* Wir verwenden die Daten der Einsender nur für das Gewinnspiel und nicht für weitere Zwecke. Alle weiteren Informationen zum Datenschutz und über unser Gewinnspiel findet ihr unter **www.leserabe.de**.

Ravensburger Bücher

Lesen lernen mit Spaß!
In drei Stufen vom Lesestarter zum Überflieger

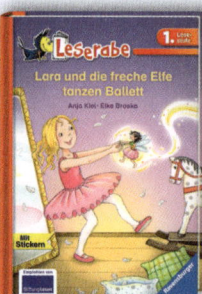

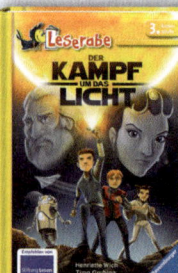